Reinhard Zöllner

Luther in zehn Worten
Eine Annäherung an Martin Luthers Lehre

Bibliografische Information der Deutschen Nationalbibliothek

Die Deutsche Nationalbibliothek verzeichnet diese Publikation
in der Deutschen Nationalbibliographie,
detaillierte bibliografische Daten sind im Internet
unter http://dnb.dnb.de abrufbar.

© 2016 Reinhard Zöllner

Herstellung und Verlag:
BoD — Books on Demand, Norderstedt

ISBN: 978-3-7412-9236-1

Inhaltsverzeichnis

Vorwort	7
Gewissen	9
Herz	12
Gott	16
Gesetz	19
Kreuz	22
Gnade	27
Welt	30
Wort	33
Liebe	37
Freude	40
Nachwort: Allein	43

Vorwort

Luther in zehn Worten ist der Versuch, aus den so umfangreichen Schriften, Predigten und Reden Martin Luthers einige Stichwörter herauszufiltern, die sein ganzes Werk durchziehen und für die Frage, was christlicher Glaube bedeuten soll, noch heute bedeutsam sind. Es sind, nicht zuletzt dank Luthers Einfluß auf die deutsche Sprache, Allerweltswörter, die nicht nur von Christen benutzt werden. Ich möchte nachvollziehen, wie sich von diesen Wörtern her der Kern von Luthers Lehre verstehen läßt. Ich verzichte dabei soweit möglich auf eigene Deutungen oder Weiterführungen und lasse so häufig wie möglich Luther selbst zu Worte kommen.

Theologisch enthält, was ich hier vorlege, vermutlich nichts Neues, und obwohl ich mich als Nicht-Theologe bemüht habe, mein eigenes Verständnis mit dem gegenwärtigen Stand der Diskussion unter Fachleuten abzugleichen, wird es aus deren Sicht vielleicht auch Widerspruch geben. Das nehme ich gern hin, denn es geht mir hier nicht um letzte theologische Präzision oder Vollständigkeit, sondern um Anregungen, wie man Luther als Laie heute lesen könnte. Daß man hier nicht aufhören sollte, sondern Luthers Werke im Ganzen und natürlich auch die dazu entstandenen Debatten lesen sollte, ist mir völlig klar. Vieles von dem, worüber sich Theologen seit Jahrhunderten streiten — wie Theodizee, Trinität, Rechtfertigung, Sakramente, Prädestination, Teufel, Zwei-Reiche-Lehre — habe ich hier nur angedeutet, weil es nun wirklich vermessen wäre, auf so knappem Raum und ohne vertiefte Kenntnis der Forschungslage qualifizierte Aussagen treffen zu wollen. Gerade hier wird deutlich, daß jeder auf eigene Gefahr glaubt, wie Luther meinte.

Eine Schwierigkeit eigener Art bei der Auswahl der Begriffe besteht darin, daß Luther gern dichotomisch oder besser *komplementär*, häufig sogar dialektisch denkt. D.h., viele der Wörter, die ich ausgewählt habe, bezeichnen nur die eine Hälfte von Luthers Argumentation. Es müßten eigentlich Wortpaare sein, wie „Herz und Vernunft", „verborgener und offenbarer Gott", „Gesetz und Evangelium", „Kreuz und Auferstehung", „Gnade und Freiheit", „Liebe und Glaube". Luther kann von dem einen jeweils nicht sprechen ohne das andere. Diese Entsprechungen fehlen hier zwar in den Überschriften, aber sie sollten im inneren Ohr des Lesers mitschwingen wie die Obertöne einer Saite.

Vielleicht hätte Luther, der ja selbst gern die Laute gespielt hat, dieses Bild gefallen.

Mein Dank gilt Pastor Thies Feldmann und Pfarrer Nicolas Budde, die eine frühere Fassung dieses Textes kritisch gelesen und freundlich kommentiert haben.

Widmen möchte ich dieses Büchlein schließlich meiner Mutter Ruth Zöllner, die seit den Zeiten der *Bekennenden Kirche* bis heute nicht müde wird zu „singen, loben, fröhlich sein" im Glauben.

Berlin, im Oktober 2016
Reinhard Zöllner

Gewissen

> Jeder glaubt auf eigene Gefahr.
>
> *Von weltlicher Obrigkeit*

AM 17. April 1521 wurde Martin Luther vor dem Reichstag in Worms aufgefordert, seine Schriften zu widerrufen. Vielen Mächtigen in der Kirche gefiel nicht, was Luther über sie geschrieben hatte, und Kaiser Karl V., der den Reichstag leitete, stand auf ihrer Seite. Luthers Schriften enthielten deftige Kritik am Papst, an der Kirche und an vielen, bislang als unumstößlich geltenden kirchlichen Lehren. Die Versammlung der deutschen Fürsten, Adligen und Städte sollte Luther zwar anhören, aber dann seine Schriften verbieten, wie es der Papst bereits drei Monate vorher getan hatte. Luther drohte somit die Hinrichtung, wie dem tschechischen Reformator Jan Hus hundert Jahre zuvor. Als Luther nun gefragt wurde, ob er widerrufen wolle, antwortete er, er könne nicht widerrufen, was nach allgemeinem Urteil richtig oder zur Verbesserung der Kirche oder zur Verteidigung der christlichen Lehre nötig sei. Er sei kein Heiliger; er habe manchmal wohl zu scharf formuliert und damit Unfrieden gestiftet. Aber dieser Unfrieden sei nötig, um das Christentum zu retten. Weise man ihm allerdings anhand der Bibel in seinen Schriften Irrtümer nach, werde er gern widerrufen. Dann werde er der erste sein, der seine Bücher ins Feuer werfe. Nun kommt das Entscheidende:

> Mein Gewissen ist im Wort Gottes gefangen. Und ich kann und will auch nichts widerrufen, da gegen das Gewissen zu handeln weder sicher noch einwandfrei ist.[1]

Das Wort „Gewissen", wie wir es heute verwenden, geht auf Martin Luther zurück. Mit seinem Auftritt in Worms ist er für die Freiheit des Gewissens eingetreten: Keine weltliche oder geistliche Macht kann dem Menschen die Verantwortung für seine Überzeugungen abnehmen. Luther formuliert dies andernorts so:

> Auch liegt einem jeglichen seine eigene Gefahr daran, wie er glaubt, und muß er für sich selbst sehen, daß er recht glaube.[2]

Es darf auch niemand zu einem bestimmten Glauben gezwungen werden, „weil es denn einem jeglichen auf seinem Gewissen liegt, wie er glaubt oder nicht glaubt".[3] Gewissensfreiheit führt zur Glaubensfreiheit. Für uns ist dies heute selbstverständlich. Damals war dies unerhört. Der Reichstag verbot wie erwartet Luthers Schriften und erklärte ihn selbst für vogelfrei. Sein Schutzherr, Kurfürst Friedrich der Weise von Sachsen, ließ ihn auf dem Heimweg auf die Wartburg entführen; sonst wäre Luther wahrscheinlich verhaftet und hingerichtet worden. Luther hätte dies auf sich genommen, weil er davon überzeugt war:

Vor dem Richtstuhl Gottes werden wir nämlich nach keinem anderen Zeugnis gerichtet als dem unseres eigenen Gewissens.[4]

Das Gewissen ist also eine merkwürdige Sache: es ist frei und kann zu nichts gezwungen werden, aber es macht uns auch für uns selbst verantwortlich. Da kann aus einem freien Gewissen sehr schnell ein schlechtes Gewissen werden, weil man selbst dem nicht gerecht wird, was man für richtig und nötig hält. Das ist für uns eine alltägliche Erfahrung, die uns belastet. „Ohne Glauben", meint Luther deshalb, „hast du ein schlechtes Gewissen."[5]

Anmerkungen

[1] WA 7, 838, 7f. Übers. Rogge 1976, S. 101.
[2] WA 11, 264, 11f.
[3] WA 11, 264, 16f.
[4] „Non enim iudicabimur in iudicio dei alio testimonio quam conscientiae propriae." WA 7, 497, 22f. Vgl. WA 52, 249, 24–26: „Unser Gewissen steht da und überführt uns, wir haben Unrecht getan. Daß also unser Gewissen gleich wie ein Schuldbuch ist, in dem wir über uns selbst Zeugnis geben … "
[5] WA 11, 101b, 30.

Herz

Woran du dein Herz hängst und worauf dich verläßt, das ist eigentlich dein Gott.
....
Großer Katechismus

Der Mensch ist für Luther ein „vernunftbegabtes Tier mit einem Herzen, das Bilder erfindet."[1] Das Herz des Menschen — von Luther mit Geist und Seele gleichgesetzt[2] — ist nicht nur für Empfindungen, sondern auch für sein Bild der Welt und sein Selbstbild zuständig.[3] Es fabriziert ständig „Entwürfe von Lebenszielen, vom Glück, sowie Angstbilder vom Unglück".[4] So entwirft es sich immer wieder neu, doch seine Phantasie ist begrenzt: es ist „zwanghaft auf das Böse fokussiert",[5] weil es voller Mißtrauen, Angst und Zweifel auch gegen sich selbst ist. Das zeigt sich auch in seinem Bild von Gott. Gott, der für die Augen unsichtbar ist, kann nur mit dem Herzen wahrgenommen werden; deshalb schreibt Luther:

> Woran du dein Herz hängst und worauf dich verläßt, das ist eigentlich dein Gott.[6]

Das Bild, das wir von Gott haben, ist jedoch nur ein Spiegelbild unseres Selbst- und Weltbildes. Weil wir uns selbst nicht trauen und weil wir der Welt nicht trauen, trauen wir auch Gott nicht. Unsere typischen Zweifel an Gott faßt Luther so zusammen:

> Kann Gott dieses ungeordnete und wüste Treiben in der Welt nicht verbieten und verhindern, so ist er ein armer, schwacher Gott ... Will er es aber nicht ändern, hindern oder verbieten, so ist er ein ungütiger, ja ungerechter Gott ... Weiß er aber nicht, wie es in der Welt geht und steht, so ist er ein unbedächtiger, unweiser, ja toller, törichter Gott.[7]

Unser Herz lehnt sich gegen einen solchen schwachen, ungerechten und unvernünftigen Gott auf. Wir hängen lieber anderen „Göttern" an, denen wir mehr zutrauen: „Mammon", „große Kunst, Klugheit, Gewalt, Gunst, Freundschaft und Ehre" zählt Luther als Beispiele auf.[8] Der eigentliche Gott verliert seine Bedeutung für uns, er wird so unscheinbar, daß Luther schreibt:

> Nichts scheint nichtiger zu sein als Gott selbst.[9]

In Wahrheit sind dies nicht Aussagen über Gott, sondern über uns selbst. Denn wir sehen Gott nur düster, im trüben „Licht der Natur", oder, wie der Apostel Paulus schreibt, „durch einen Spiegel in einem dunkeln Wort".[10] Unser Gottesbild ist eine Spiegelung, nach dem lateinischen Wort für „Spiegel" – *speculum* – eine Spekulation, in der sich unsere eigene Schwäche, Ungerechtigkeit und Unvernunft abbilden. Wir spekulieren über Gott und meinen tatsächlich uns selbst. Deshalb fordert Luther:

Spekuliere nicht. Jeder Spekulant ist ein Schöpfer Gottes: er erfindet sich in seinem Herzen ein Bild von Gott, das aber nicht den Tatsachen entspricht, sondern nur sein eigener Traum ist.[11]

Was wir deshalb brauchen, ist eine Entspiegelung, eine Umkehrung unseres Gottes- und Selbstbildes, damit wir erkennen, daß wir selbst schwach und hilfebedürftig sind. Diese Umkehr im Herzen, auf griechisch *metanoia*, bezeichnet das deutsche Wort „Buße". Sie wird möglich, wenn sich das Herz aus seiner Selbstbezogenheit löst und einen neuen Fokus findet. Dieser Fokus (was wörtlich „Feuerstätte" bedeutet) muß das absolut Gute sein, nämlich Gott, nach Luther „ein glühender Backofen voller Liebe, der von der Erde bis an den Himmel reicht."[12] Unsere Augen können Gott nicht sehen, aber unser Herz kann seine Liebe zu sich nehmen: Aus Gottes Backofen kommt das Brot des Lebens. „Schmecke und siehe und erfahre mit dem Herzen", wie sehr Gott uns liebt, fordert Luther deshalb.[13]

Wem das gelingt, dem zeigt sich Gott ganz neu; dann wird Gott plötzlich ganz anders aussehen:

> Wie du an Gott glaubst, so hast du ihn. Glaubst du, daß er gütig und barmherzig ist, so wirst du ihn so haben.[14]

Anmerkungen

[1] „Animal rationale, habens cor fingens". WA 42, 348, 38. S. Bayer 2007, S. 158–159; vgl. Ebeling 1989.
[2] WA 40 II, 425, 1–3.
[3] Burger 2007, S. 24; Adolph 2016, S. 327.
[4] Bayer 2007, S. 158.
[5] Adolph 2016, S. 330.

[6] WA 30/I, 133, 7f.
[7] WA TR 1, 187, 11–15.
[8] WA 30, 133–134.
[9] „Nihil magis nihil esse videtur, quam Deus ipse." WA 43, 392, 17f.
[10] 1 Kor 13:12.
[11] „Noli speculari. Omnis speculator est formator Dei, fingit sibi idolum in core suo, quod revera non est, sed tantum suum somnium." WA 40/2, 253, 2–4.
[12] WA 10/III 56, 2f. Vgl. WA 36, 425, 13.
[13] „Gusta et vide et experire corde". WA 20, 349, 33f.
[14] „Sicut credis, sic habes eum. Si credis benignum, misericordem, habebis talem." WA 17/I, 412, 19–20.

Gott

> Wir sollen Gott über alle Dinge fürchten, lieben und vertrauen.
>
> *Kleiner Katechismus*

GOTT ist für Luther „ein übernatürliches, unerforschliches Wesen, das zugleich in einem jeglichen Körnlein ganz und gar und dennoch in allen und über allen und außerhalb von allen Kreaturen sei. … Nichts ist so klein, Gott ist noch kleiner; nichts ist so groß, Gott ist noch größer … "[1]

Gott muß deshalb „an allen Orten wesentlich und gegenwärtig sein, auch in dem geringsten Baumblatt."[2] Er ist „in einer jeglichen Kreatur in ihrem Allerinwendigsten, Auswendigsten um und um, durch und durch, unten und oben, vorn und hinten selbst da".[3] Wie das möglich ist, verstehen wir nicht; „dies sind alles gar über alle Maßen unbegreifliche Dinge",[4] zumal sich Gott auch in jenen Bereichen der Welt aufhält, die sich unserer Anschauung entziehen.

Luther spricht deshalb vom *verborgenen Gott*: Er bewirkt zwar alles, doch bleibt er unverstanden und unverständlich. Das kann uns Angst machen. Denn wenn wir nicht wissen, was Gott plant und will, wie können wir uns dann richtig verhalten? Womit müssen wir rechnen?

Gottes Allmacht und Allgegenwart sind laut Luther Grund genug, ihn „über alle Dinge" zu fürchten. Er hat die ganze Welt in seiner Hand — auch uns. Und er sagt uns nicht, was er damit vorhat. „Gott allein ist HERR über seiner Hände Werk", schreibt Luther.[5]

Wäre das alles, so müßten wir klein beigeben wie Hiob, von dem im Alten Testament berichtet wird, er habe wegen einer frivolen Wette zwischen Gott und dem Teufel ohne jede eigene Schuld alles verloren, was er zuvor erhalten hatte. Und der trotzdem Gott die Treue hält. Denn er hat eingestanden, daß Gott alles kann, was er will. Am Ende macht Gott alles wieder gut. Es ist deshalb das Vertrauen auf Gott „über alle Dinge", das Luther von uns fordert.

Doch im Neuen Testament hat sich Gott dann schließlich zu erkennen gegeben — in Jesus Christus. Er nimmt die Gestalt an, die wir am besten verstehen. Als Mensch kommt er, um zu zeigen, daß er uns nichts Böses will. In Christus gibt Gott uns erneut und endgültig das Versprechen seiner grundlosen Liebe. Deshalb, so Luther, können wir ihn „über alle Dinge" lieben.

Aber damit wissen wir längst noch nicht alles über Gott. Auch der in Christus *offenbare Gott* bleibt immer noch der verborgene Gott: Gott wird in Christus Mensch und bleibt doch Gott; Christus stirbt am Kreuz als Mensch einen schmählichen Tod und kommt gegen alle Naturgesetze wieder ins Leben zurück; Christus geht von uns und läßt doch Gottes Geist zurück. All dies geschieht, aber nicht alle Menschen können es wahrnehmen. Und dennoch betrifft Gottes Werk alle. Sein Geist kommt, bleibt und geht so unberechenbar wie „ein fahrender Platzregen"; „darum greife zu und halte fest, wer greifen und halten kann."[6] Gott zeigt sich auch da, wo es uns unwahrscheinlich erscheint:

Und wenn er sich auch gleich in einem Strohhalm wollte finden lassen, so sollte man ihn daselbst suchen und ehren.[7]

Gott ist der rettende Strohhalm. Inmitten des großen Heuhaufens der Welt ist er zuverlässig für uns da. Er bleibt sich und uns treu: „Wie auch immer es um mich steht, Gott bleibt dennoch Gott."[8] Deshalb dürfen wir „Gott über alle Dinge fürchten, lieben und vertrauen."[9] Das bedeutet nach Luther „glauben".

Anmerkungen

[1] WA 26, 339, 34 f und 39f.
[2] WA 23, 133, 28f.
[3] WA 26, 134, 3–5.
[4] WA 26, 136, 2.
[5] WA 45, 244b, 32f.
[6] WA 15, 32, 7; 13f.
[7] WA 16, 211c, 13f.
[8] „Utut mecum sit, tamen deus est deus." WA 17/I, 81, 30.
[9] WA 30, 243, 14f.

Gesetz

> Wo nun Christus kommt, da hört das Gesetz auf.
>
>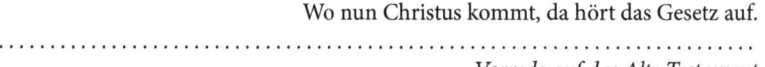
>
> *Vorrede auf das Alte Testament*

DIE Welt ist Gesetzen unterworfen, die sie zusammenhalten. Das gilt für den Sternenhimmel genauso wie für die menschliche Gesellschaft. „Unsere Vernunft", so urteilt Luther deshalb, „kennt nichts anderes als das Gesetz."[1] Das *Gesetz* verhindert Chaos und schafft Ordnung. Es droht aber auch denen, die dagegen verstoßen, mit Strafe. Das Alte Testament ist deshalb voller Gesetze und Gebote und Warnungen vor Gottes Zorn.

Doch diese Herrschaft des Gesetzes erscheint uns schwer erträglich: „Das Gesetz klagt uns ständig an und droht uns mit dem Tod."[2] Selbst wer nicht an Gott glaubt, weiß, daß wir nach dem Naturgesetz alle sterben müssen. Schon davor haben wir Angst. Wenn wir Gott als den Schöpfer der Welt und aller Naturgesetze sehen, der auch als Richter über ihre Einhaltung wacht, dann plagt uns unser schlechtes Gewissen, denn wir wissen, daß wir immer wieder zum Handeln gegen Gottes Gebote, zur *Sünde*, bereit sind. Wir leben also in Angst, weil wir wissen, daß wir die Gesetze nicht einhalten können.

Diese Angst kommt aber nicht von Gott: „Alles, was zum Tod und Schrecken, zu Mord und Lügen dient, das ist des Teufels Handwerk."[3] Aber das Böse herrscht nicht nur außerhalb, sondern mitten in uns. Sören Kierkegaard schreibt daher: „Wie die Sünde in die Welt gekommen ist, das versteht ein jeder Mensch einzig und allein aus sich selbst."[4] Wir schaffen es jedoch nicht aus eigener Kraft, das Böse zu überwinden. Gott, der nicht will, daß wir in Angst leben und dem Bösen zum Opfer fallen, geht deshalb in Gestalt von Jesus Christus an unserer Stelle in den Tod und zeigt uns in seiner Auferstehung, daß seine Liebe zu uns stärker ist als die Macht des Gesetzes. Das *Evangelium*, die Frohe Botschaft, überwindet das Gesetz; es soll unsere Angst heilen. „Wo nun Christus kommt, da hört das Gesetz auf."[5]

Das Gesetz ist damit erfüllt; aber es ist nicht überflüssig. Es hält uns vor Augen, wie wir sein und was wir tun sollten, wenn wir wirklich Gott und unseren Nächsten lieben — und daß wir es aus eigener Kraft nicht schaffen können. Erst wenn wir dies eingestehen („beichten"), können wir „Vergebung, Leben und Seligkeit" erfahren. Gesetz und Evangelium gehören zusammen. Luther schreibt: „Das Gesetz entdeckt die Krankheit, das Evangelium gibt die Arznei."[6] Jesus Christus hat dazu gesagt: „In der Welt habt ihr Angst; aber seid getrost, ich habe die Welt überwunden."[7]

Gesetz und Evangelium sind beide Ausdruck der Liebe Gottes zu den Menschen. Sören Kierkegaard hat diese Dialektik in die Formel gefaßt: „Die Angst ist die Möglichkeit der Freiheit."[8]

Anmerkungen

[1] „Ratio nihil aliud novit quam legem". WA 40/I, 474, 22f.
[2] „Lex, semper accusans nos et mortificans." WA 39/I, 412, 2f.
[3] WA TR 1, Nr. 508, 233, 1.

⁴Zit. n. Schulz 1994, 122–123, Fn. 31.
⁵WA DB 8, 24, 20.
⁶WA 10/III, 338, 9 f.
⁷Joh 16:33.
⁸Zit. n. ebd., 121, Fn. 28.

Kreuz

Der Mensch ist nichts und Christus allein alles.

Predigt, 28.3.1524

In der Welt hält sich der Gott der Liebe verborgen. Nur am Kreuz zeigt er sich. Das ist kein schöner Anblick. Im Gegenteil: es ist „das traurige, elende, schmähliche, scheußliche, blutige Bild",[1] wie der „wahre Gott und wahre Mensch" zu Tode kommt. Am Kreuz stehen wir vor dem nackten Nichts. Der christliche Glaube führt uns notwendig in dieses Nichts, erklärt Luther:

> Wohin kann der gelangen, der auf Gott hofft, wenn nicht in sein eigenes Nichts? Wohin aber soll der gehen, der ins Nichts geht, wenn nicht dorthin, wo er hergekommen ist? Er ist aber aus Gott und seinem eigenen Nichts gekommen, weshalb der in Gott zurückkehrt, der in sein eigenes Nichts zurückkehrt.[2]

Vor dem Kreuz erhält der Satz „Nichts scheint nichtiger zu sein als Gott selbst" eine ganz neue Bedeutung. In Christus, dem zunichte gewordenen Menschen, zeigt sich der zu Gott zurückgekehrte und nun mit Gott vereinte Mensch. Am Kreuz zeigt sich, „daß der Mensch nichts ist und Christus allein alles."[3] Hier gilt: Gott „macht aus dem Nichts alles";[4] aus dem Tod wird Leben, aus dem von Gott getrennten Sünder der Gerechtfertigte. Am Kreuz feiern Mensch und Gott Hochzeit, wie Luther schreibt:

> Nicht allein so viel gibt der Glaube, daß die Seele dem göttlichen Wort gleich wird, aller Gnaden voll, frei und selig, sondern er vereinigt auch die Seele mit Christus wie eine Braut mit ihrem Bräutigam. … Weil Christus Gott und Mensch ist, welcher noch nie gesündigt hat, und weil seine Treue unüberwindlich, ewig und allmächtig ist; wenn er die Sünden der gläubigen Seele durch ihren Brautring (das ist der Glaube) sich zu eigen macht und sich nicht anders verhält, als hätte er sie getan, dann müssen die Sünden in ihm verschlungen und ersäuft werden, denn seine unüberwindliche Gerechtigkeit ist allen Sünden zu stark. So wird die Seele von allen ihren Sünden ganz allein durch ihren Brautschatz, d. h. des Glaubens halber, ledig und frei und mit der ewigen Gerechtigkeit ihres Bräutigams Christus beschenkt.[5]

Als Mose Gott bat, sich ihm zu zeigen, antwortete Gott ihm noch: „Kein Mensch wird leben, der mich sieht."[6] Nur am Kreuz wird der Anblick Gottes möglich und erträglich. Nur weil Jesus den Platz mit uns gewechselt hat, können wir Gott in die Augen schauen. Hier findet endlich die Umkehrung unseres Blickes und die Umkehrung unseres Herzens statt: die *Buße*. Wir sehen Gott jetzt im „Licht der Gnade", meint Luther. Laut Luther ist Jesus der „Spiegel des väterlichen Herzens":[7] Wer ihn schaut, dessen Herz wird „entspiegelt", also von dem Nichts in unserem Herzen zum Alles in Gottes Liebe gewendet. Es wäre dennoch auch für Luther „sehr schrecklich", wenn dieses Bild vom Karfreitag so stehen bleiben sollte.[8] Doch schon am Ostersonntag kommt alles anders:

Denn ehe drei ganze Tage um sind, bringt unser lieber Herr Christus ein anderes, schönes, gesundes, freundliches, fröhliches Bild mit, damit wir den Trost gewiß fassen lernen, daß nicht allein unsere Sünden durch das Sterben Christi abgetilgt und erwürgt sind, sondern daß wir durch seine Auferstehung gerecht werden sollen.[9]

Diese Botschaft von Tod und Auferstehung nennt Luther „eine seltsame Predigt, welche die Vernunft niemals wird fassen können, man muß es nur glauben".[10]

Aber es gibt sehr wenige, die es recht [glauben] können, denn es läßt sich mit Worten weder ein- noch ausreden, der Heilige Geist muß es tun. Wenn du nun diese Kunst kannst, so bist du ein Christ. Wenn du es aber noch nicht kannst, so danke Gott, daß du unter dem Haufen [von Leuten] bist, die doch solches gern hören und ungern lästern wollen.[11]

D IE zehn Wörter, die in diesem Büchlein vorgestellt werden, hat Luther nicht gleich häufig benutzt.[12] Gar nicht kann uns wundern, daß *Gott* für ihn an erster Stelle steht. Von ihm spricht Luther fast genau so oft wie von den übrigen neun Wörtern zusammen. Es folgt das *Wort*, das für Luther das Mittel ist, mit dem Gott in unsere *Welt*— das ist das dritthäufigste Schlüsselwort — hineinwirkt. Dann kommt das *Gesetz*, das Gott für die Welt formuliert hat, und umittelbar darauf das *Herz*, mit dem Gott die Menschen ausgestattet hat, damit sie sein Wort hören. Wer es aber hören kann, hat Gottes *Gnade* erfahren und wird Gott und seinen Mitmenschen gegenüber *Liebe* üben. Er wird sein *Gewissen* prüfen, ob er dies auch wirklich und zur Genüge tut, und er wird *Freude* spüren über Gottes Liebe zur Schöpfung. Den Abschluß dieser Liste bildet das *Kreuz*— mit sehr weitem Abstand. Das mag manch einen wundern, der gelernt hat, Luther vertrete eine „Theologie des Kreuzes". Ja, das Kreuz ist für ihn zentral, es bildet den Höhepunkt der christlichen Lehre. Aber, so schreibt Luther, alle „Gaben und Wohltaten Gottes sind unter dem Kreuz verborgen",[13] und Luthers Absicht war ja gerade, den „Kern der Nuß, das Innere des Weizenkorns und das Mark der Knochen",[14] also das Verborgene des Glaubens zu erforschen.

Auf dem Umschlag dieses Bandes ist die *Lutherrose* abgedruckt; dies ist Luthers Wappen, das er sich 1530 selbst wählte. Auch dort bildet das Kreuz das kleinste Element, doch zugleich steht es im Mittelpunkt. Luther erläuterte sein Wappen folgendermaßen:

> Das erste sollte ein *Kreuz* sein, schwarz im *Herzen*, das seine natürliche Farbe hätte, damit ich mir selbst Erinnerung gäbe, daß der Glaube an den Gekreuzigten uns selig macht. Denn so man von Herzen glaubt, wird man gerecht. Obwohl es ein schwarzes Kreuz ist, den Tod bringen und auch wehtun soll, läßt es dennoch das Herz in seiner Farbe, verdirbt die Natur nicht, das ist, es tötet nicht, sondern behält lebendig. Der Gerechte wird nämlich durch den Glauben leben, und zwar durch den Glauben an den Gekreuzigten. Dieses Herz aber soll mitten in einer weißen Rose stehen, um anzuzeigen, daß der Glaube *Freude*, Trost und Friede gibt ... Diese Rose steht im himmelfarbenen Felde, daß solche Freude im Geist und Glauben ein Anfang ist der himmlischen Freude zukünftig ... Und um dieses Feld einen goldenen Ring, daß diese Seligkeit im Himmel ewig währt und kein Ende hat ... [15]

Das Kreuz führt über das Herz des Gläubigen zur Freude über das Leben, das Gott uns schenken will. So einfach ist die „Theologie des Kreuzes". So viel verbirgt sich unter dem Kreuz.

Anmerkungen

[1] WA 52, 246, 37f.

[2] „Quo enim perveniat, qui sperat in deum, nisi in sui nihilum? Quo autem abeat, qui abit in nihilum, nisi eo, unde venit? Venit autem ex deo et suo nihilo, quare in deum redit, qui redit in nihilum." WA 5, 168, 1–4. Übers. Barth 2009, S. 226.

[3] „Quod homo nihil sit, et solus Christus omnia." WA 15, 527, 36f.

[4] „Ex nihil facit omnia." WA 39/I, 470, 3.

[5] WA 7, 25, 26–26, 4.

[6] Ex 33:20.

[7] Der große Katechismus, in: BSLK, S. 660,42.

[8] WA 52, 247, 9f.

[9] WA 52, 247, 12–17.

[10] WA 52, 249, 7f.

[11] WA 52, 252, 30f.

[12] Berechnet aus der Suchfunktion von *Luthers Werke im World Wide Web*, luther.chadwyck.co.uk/deutsch/frames/alle/search, die sich auf die Weimarer Ausgabe stützt..

[13] WA 31/1, 51b, 21f.

[14] WAB 1, Nr. 5, 17, 43.

[15] WAB 5, Nr. 1628, 445, 5–19.

Gnade

Ein Christenmensch ist ein freier Herr über alle Dinge und niemand untertan.
....
Von der Freiheit eines Christenmenschen

DER Glaube an Christus „macht uns ganz andere Menschen von Herzen, Mut und Sinn und allen Kräften".[1] Er befreit uns von Angst und Selbstsucht und gibt uns nicht nur gegenüber Gott, sondern gegenüber der ganzen Schöpfung unsere Ehre und Würde zurück. Jetzt können wir bekennen:

> Der Meister, der die Sonne geschaffen hat, hat mich auch geschaffen ... Ich bin ein Mensch; das ist ein viel höherer Titel als ein Fürst zu sein, denn den Fürsten hat Gott nicht gemacht, sondern die Menschen. Daß ich aber ein Mensch bin, hat Gott allein gemacht.[2]

Der Christ ist „ein herrliches, schönes Geschöpf";[3] er kann mit Gott im Frieden leben und sterben und nach seinem Tod „wieder aufgehen viel schöner als die liebe Sonne."[4] Doch zuvor muß ein Christ sein Leben „täglich ausfegen und vollends austilgen, was da noch übrig bleibt von Sünden".[5] Denn er soll Gutes tun, „aus freier Liebe, umsonst, Gott zu Gefallen", und nicht, um daraus für sich selbst Nutzen zu ziehen.[6] Die guten Werke sind ein Zeichen seiner Freiheit; ein Zeichen dafür, daß er zu Gott gefunden hat. Luther stellt deshalb fest:

> Ein Christenmensch ist ein freier Herr über alle Dinge und niemand untertan.[7]

Die Voraussetzung für diese Freiheit ist Gottes *Gnade*. Wer nicht von ihr erfüllt wird, bleibt unfrei und damit außerstande, Gutes zu tun. Dies ist keine Frage des menschlichen Willens. Ohne Gottes Gnade regieren „Irrtum, Tod, Satan und alles Böse selbst"[8] unseren Willen. „Wir tun alles aus Notwendigkeit, nichts aus freiem Willensvermögen."[9] Der einzige, dessen Wille frei ist und das Gute tut, ist Gott selbst.[10] Er wählt frei aus, wem er das befreiende „Licht seiner Gnade" scheinen lassen will.

Das bedeutet nicht, daß Menschen, die noch im „Licht der Natur" stehen und nicht an Gott und Christus glauben können, von Gott verlassen wären. Gott ist „auch ein Gott der Heiden"[11] — im Guten wie im Bösen.

> Da ja doch Gott alles in allem bewegt und wirkt, bewegt und wirkt er auch notwendigerweise im Satan und im Gottlosen. Er wirkt aber in ihnen so, wie sie sind und wie er sie vorfindet. Das heißt: Weil jene abgewandt sind und böse und fortgerissen werden von jener Wirksamkeit der göttlichen Allmacht, tun sie nichts als Abgewandtes und Böses. Das ist so, wie wenn ein Reiter ein drei- oder zweifüßiges Pferd reitet, dann reitet er es jedenfalls so, wie das Pferd beschaffen ist, das heißt, das Pferd geht schlecht. Aber was sollte der Reiter tun? Er reitet ein solches Pferd wie die gesunden Pferde, jenes schlecht, diese gut; er kann nicht anders, es sei denn, das Pferd würde

gesund. Hier siehst du, dass, wenn Gott in den Bösen und durch die Bösen wirkt, zwar Böses geschieht. Dennoch kann Gott nicht böse handeln, mag er auch Böses durch Böse tun, denn er ist selbst gut und kann nicht böse handeln.[12]

Der Gottlose (Luther nennt ihn lieber: der „Glaublose") „sündigt und irrt, bis er vom Geist Gottes zurechtgebracht wird."[13] Es besteht demnach auch für ihn Hoffnung auf Gnade.

Anmerkungen

[1] WA DB 7, 11, 6f.
[2] WA 45, 14, 7f; 15, 4–6.
[3] WA 45, 17, 10.
[4] WA 45, 24, 1f.
[5] WA 37, 671, 36f.
[6] WA 7, 31, 6.
[7] WA 7, 21, 1f.
[8] DSA Luther 2006, 639, 40f.
[9] DSA Luther 2006, 293, 40f; zur Aktualität von Luthers Position im gegenwärtigen neurowissenschaftlichen Diskurs s. Sievers 2015.
[10] DSA Luther 2006, 473, 10f.
[11] WA 45, 15, 18.
[12] DSA ebd., S. 465, 1–14.
[13] DSA ebd., 465, 34f.

Welt

> Ein Christenmensch ist ein dienstbarer Knecht aller Dinge und jedermann untertan.
>
> *Von der Freiheit eines Christenmenschen*

DIE Welt ist für Luther der Bereich von Gottes Schöpfung, wo nicht Christus regiert, sondern wo der Teufel die Menschen von Gott fernzuhalten versucht. „Zum Reich der Welt oder unter das Gesetz gehören alle, die nicht Christen sind."[1] Das ist die Mehrheit der Menschen: „Die Welt und die Menge ist und bleibt Unchristen, auch wenn sie alle getauft sind und Christen heißen."[2] In der Welt hält sich Gott verborgen. Es fehlt seine Frohe Botschaft, es fehlt die Freiheit, die Christus uns zusagt:

> Wenn wir unter dem Gott dieser Welt sind, ohne das Werk und den Geist des wahren Gottes, werden wir gefangen gehalten nach seinem Willen.[3]

Die Welt kann nicht nach der Bergpredigt regiert werden, sonst würde das Böse überhand nehmen. Deshalb ist ein „weltliches Regiment" nötig, „das äußerlichen Frieden schafft und bösen Werken wehrt."[4] Rechte Christen sind zwar nicht mehr auf Gesetze angewiesen, um das Gute zu tun; doch ihren Mitmenschen zuliebe müssen sie die weltliche Obrigkeit und ihre Gesetze ertragen und den Schwachen helfen. Deshalb ist für Luther die Freiheit des Christen in weltlichen Dingen so einschränkt, daß er schreibt:

> Ein Christenmensch ist ein dienstbarer Knecht aller Dinge und jedermann untertan.[5]

Gott hat den Christen in der Welt drei Lebensbereiche zugewiesen: Kirche, Gesellschaft und Familie. In ihnen sollen sie Helfer und „Mitarbeiter Gottes" werden.[6] Gott beruft den Menschen zu einer bestimmten Stellung im Leben, zu einem *Beruf*; trägt er dabei Verantwortung für andere, hat er ein *Amt*. Wer ein Amt hat, kann Nutzen und Schaden anrichten, denn Macht, die nicht von Gottes Geist gelenkt wird, wird böse Taten hervorbringen.[7] Den Pflichten in Beruf und Amt müssen wir deshalb gewissenhaft nachkommen, „weil es keinen anderen Weg gibt, Gott zu dienen, als in einfältigem Glauben voranzuschreiten und dann seiner Berufung sorgfältig nachzukommen und ein gutes Gewissen zu behalten."[8]

Aber gerade das ist für uns kaum zu schaffen. Wir stecken voller Widersprüche, wir sind bis zuletzt frei und unfrei zugleich:

> Ein Christenmensch ist zugleich gerechtfertigt und Sünder, heilig und unheilig, ein Feind und ein Sohn Gottes.[9]

Unsere Zerrissenheit gefährdet uns. Wir sind Getriebene in einem Meer von Zweifeln, Leid und Anfechtungen.

Ein menschliches Herz ist wie ein Schiff auf einem wilden Meer, welches die Sturmwinde von den vier Orten der Welt treiben ... [10]

Was uns in dieser Welt dennoch auf Kurs hält, ist Gottes Wort.

Anmerkungen

[1] WA 11, 251, 1f.
[2] WA 11, 251, 35.
[3] DSA Luther 2006, S. 291, 19–22.
[4] WA 11, 252, 13f.
[5] WA 7, 21, 3f.
[6] WA 43, 81, 21f.
[7] Burger 2007, S. 25–26.
[8] „Cum tamen alia via serviendi Deo nulla sit, quam incedere in simplici fide, et postea urgere diligenter vocationem, ac retinere bonam conscientiam." WA 42, 639, 30–32.
[9] „Homo Christianus simul iustus et peccator, Sanctus, prophanus, inimicus et filius Dei est." WA 40/1, 368a, 26f.
[10] *Vorrede auf den Psalter*, WA 10/1, 100, 23–102, 1.

Wort

> Eines Christen Handwerk ist beten.
>
> *Tischreden Nr. 6751*

CHRISTLICHER Glaube baut auf das Wort Gottes, wie es in der Bibel überliefert wird. Gottes Wort erschafft und bewahrt die Schöpfung. In ihm ist Gottes Macht zugleich verborgen, gegenwärtig und wirksam.[1] Im Wort begegnet der Mensch Gott.

Zuerst gilt dabei, „daß wir Hörer sind und Gott mit uns spricht."[2] Wir können Gottes Wort „mit den Ohren hören und dem Herzen fassen",[3] und auch dies beruht auf Gnade: „Christus nämlich hat uns den Sinn eröffnet, dass wir die Schriften verstehen."[4] Aber selbst wenn wir nicht verstehen, ist Gottes Wort wirksam: „Wenn es dir und mir nicht begreiflich ist, so ist es deshalb nicht unwahr. Es heißt: Das hat Gott *gesagt*; wie es *geschieht*, dafür laß ihn sorgen."[5]

Umgekehrt gilt aber auch: Gott hört uns zu. „Wenn ein Herz nämlich ernstlich und eifrig betet, ist es unmöglich, daß seine Bitten von Gott nicht erhört werden."[6] Deshalb meint Luther: „In menschlichen Dingen richten wir alles durchs Gebet aus."[7] Das *Gebet* ist deshalb ein wesentliches Kennzeichen des christlichen Lebens, denn „eines Christen Handwerk ist beten."[8]

Drittens hat Gottes Wort eine konkrete Gestalt angenommen:

> Christus ist das Wort. Er ist nicht ein Strohhalm, sondern er ist das Wort Gottes, durch das alles geschaffen wird.[9]

Deshalb muß Gottes Wort als die Frohe Botschaft von Christus unter uns und von uns verbreitet werden. Denn „wäre Christus auch hunderttausend Mal gestorben: es hätte nichts genützt, wenn dies nicht gepredigt würde."[10] Wo Gottes Wort gehört und verkündigt wird, entsteht die christliche *Gemeinde* als die „Versammlung der Herzen in einem Glauben".[11] Außer in der Predigt, dem gemeinsamen Gebet und Gesang[12] verbreitet die Gemeinde Gottes Wort in der Taufe und im Abendmahl. Diese beiden Handlungen sind *Sakramente*, weil sie auf Gottes Wort beruhen und sich in ihnen Gottes Wort offenbart; denn „wenn das Wort zum Element oder natürlichen Wesen kommt, so wird ein Sakrament daraus".[13]

In der *Taufe* wird „Wasser in Gottes Wort und Gebot gefaßt und dadurch geheiligt."[14] Deshalb wird der Mensch — auch schon der Säugling — durch die Taufe „von Sünden und Tod erlöst, in Gottes Reich und ewiges Leben gebracht".[15] Dafür allerdings muß beim Getauften „das Herz offen" stehen; man muß also glauben, daß Gott dies an uns bewirken will, sonst nützt die Taufe nichts.[16] Doch die Taufe geht dem Glauben voran: „Mein Glaube soll sich auf die Taufe gründen und bauen",[17] denn sie ist Gottes Werk. Die Taufe heiligt den Täufling und macht ihn zum gleichberechtigten Mitglied der christlichen Gemeinde.

Das *Abendmahl* erneuert die Gemeinschaft der Getauften mit Christus.[18] Luther hält es für gegeben, daß man im Abendmahl wahrhaftig und leiblich Christi Leib ißt und zu sich nimmt. Wie aber das zugehe oder wie er im Brot sei, wissen wir nicht, sollen's auch nicht wissen. Gottes Wort sollen wir glauben und ihm nicht Weise noch Maß setzen. Brot sehen wir mit den Augen. Aber wir hören mit den Ohren, daß der Leib da sei.[19]

Vor allem aber: „Das Herz weiß wohl, was der Mund ißt, denn es erfaßt die Worte und ißt das geistlich, was der Mund leiblich ißt."[20] Erst das gläubige Herz, das Gottes Wort annimmt, macht aus Brot und Wein die „ewige Speise", die es von seinen Sünden befreit und untrennbar mit Christus vereint.

Gottes Wort soll vor aller Welt, also auch den Nichtchristen, bekannt und verkündigt werden; doch auf keinen Fall sollen damit Gewalt und Zwang verbunden sein:

Ich kann mit dem Worte nicht weiter kommen als in die Ohren; ins Herz kann ich nicht kommen. Weil man den Glauben nichts ins Herz gießen kann, so kann und soll auch niemand dazu gezwungen noch gedrungen werden, denn Gott tut solches alleine und macht das Wort lebendig in der Menschen Herzen, wann und wo er will nach seiner göttlichen Erkenntnis und Wohlgefallen.[21]

Dabei kommt es nicht darauf an, wer Gottes Wort verkündet; denn es wirkt aus sich selbst, wie Luther schreibt:

Das Wort für sich selbst, ohne alles Ansehen der Person, muß dem Herzen genugtun, den Menschen umschließen und ergreifen, daß er, als wäre er darin gefangen, fühlt, wie wahr und recht es sei, wenn auch alle Welt, alle Engel, alle Fürsten der Hölle anders sagten.[22]

Deshalb, so Luther, sind „alle Christen allgemein", die getauft und gläubig sind, als Priester Christi berufen, „denn es ist alles ein Ding, Priester, Getaufte, Christen."[23]

Anmerkungen

[1] WA 45, 522, 11–13. Vgl. Barth 1963, S. 60.
[2] „Nos esse auditores et Deum loqui nobiscum." WA 44, 574, 36f.
[3] WA 45, 23, 16.
[4] Luther 2006, 281, 21 f.
[5] „Si non begreifflich mihi et tibi, ideo non est unwar. Es heisst: das hat Gott gesagt, quomodo fiat, da lass ihn drumb sorgen." WA 32, 158, 9–11.
[6] „Quando enim cor serio et ardenter orat, impossibile est preces illas a Deo non exaudiri". WA 44, 575, 5f.
[7] WA TR 6, Nr. 6753, 164, 7f.
[8] WA TR 6, Nr. 6751, 162, 36.
[9] „Christus est verbum. Er ist nicht eyn strohalm, sed est verbum dei per quod omnia creantur." WA 27, 252c, 20f.
[10] „Si Christus hundert tausent mal fuisset mortuus, nihil profuisset, nisi hoc praedicaretur." WA 16, 332, 5f.
[11] WA 6, 293, 4.
[12] Adolph 2016, S. 336.
[13] WA 30, 214, 16f.
[14] WA 30, 213, 30f.
[15] WA 37, 644, 28f.
[16] WA 37, 663, 22.
[17] WA 37, 666, 34.
[18] WA 2, 743, 21f.
[19] WA 23, 87, 31–35
[20] WA 23, 181, 10f.
[21] WA 10/3, 15, 23–28.
[22] WA 10/I/1, 130, 14–16.
[23] WA 8, 253, 26f.; WA 12, 317, 10f.

Liebe

Gott ist die Liebe, daß es ein jeglicher sehen und greifen muß, wenn er nur die Augen auftut.

Predigt am 9.6.1532

Paulus schreibt, daß unser Wissen um die Geheimnisse Gottes beschränkt ist; wir erkennen nur Stücke der Wahrheit und können unser Leben nur auf drei Dinge stützen, nämlich auf „Glaube, Hoffnung, Liebe; aber die Liebe ist die größte unter ihnen."[1] Das bekräftigt Luther, indem er ausführt:

Gott ist die Liebe, daß es ein jeglicher sehen und greifen muß, wenn er nur die Augen auftut. Denn da stehen täglich alle seine Güter vor Augen, wo du nur hin siehst, Sonne und Mond und der ganze Himmel voll Licht, die Erde voll Laub, Gras, Korn und allerley Gewächs, dir zur Nahrung bereit und gegeben, ebenso Vater und Mutter, Haus, Hof, Friede, Schutz und Sicherheit … Und über das alles, daß er seinen lieben Sohn für dich gibt … Was sollte er dir mehr tun? Oder was könntest du mehr und Besseres begehren?[2]

Wer das „Feuer seiner Liebe" spürt, der wird davon erwärmt und kann es an andere weitergeben. Glaube an Gott und Liebe zum Nächsten sind im Leben eines Christen untrennbar vereint:

> Ein Christenmensch lebt nicht in ihm selbst, sondern in Christus und seinem Nächsten; in Christus durch den Glauben, im Nächsten durch die Liebe.[3]

Aber das Verhältnis von Liebe und Glauben sieht Luther problematisch. Die Liebe muß tolerant sein: „In der Liebe weicht ein Christ und duldet alles, da ist er nämlich nur ein Mensch."[4] Anders ist es in Glaubensfragen, denn hier geht es nicht um Menschen, sondern um Gott selbst.

> Die Liebe erträgt alle Dinge, glaubt alles, hofft alles und gibt nach, aber nicht so der Glaube ... Darum sei ein Christ, was den Glauben angeht, voller Stolz und Trotz; schlechthin nichts, was dem Glauben zuwider ist, lasse er zu ...[5]

In seiner Unterscheidung von Liebe und Glauben ging Luther zu weit. Luther hat sich in seiner Polemik gegenüber Andersgläubigen oft, um bei seiner eigenen Sprache zu bleiben, zum Wüten und Toben hinreißen lassen. Die Juden traf es besonders verhängnisvoll. Hoffte Luther 1523 noch, „wenn man mit den Juden freundlich handelt und aus der Heiligen Schrift sie säuberlich unterweist, es sollten viele von ihnen rechte Christen werden",[6] so bezeichnete er dies zwanzig Jahre später als „unmöglich", empfahl, mit ihnen nicht mehr über den Glauben zu sprechen, und forderte die Obrigkeit auf, sie als teuflische Feinde der Christen mit „scharfer Barmherzigkeit" zu behandeln; darunter verstand er freilich Übergriffe und Verfolgungen, die man unbarmherzig und gnadenlos nennen muß. Hier hielt sich Luther nicht an seine eigene Erkenntnis. Schließlich hat er selbst geschrieben:

> Die Liebe ist nicht eine menschliche Kunst, sondern ein Geschenk des Heiligen Geistes und eine göttliche Kunst. Wie böse du mir auch begegnest, so will ich doch gut zu dir sein, will dir nicht feind sein, sondern dir helfen. … Wenn du deinem Nächsten freundlich bleiben kannst, hast du wie ein Gott gehandelt, der ja in dir ist. Du hast keinen Tempel in Köln oder Rom, keine Kirche für Sankt Peter oder Paul gebaut, aber du hast mehr getan, als Himmel und Erden sind …[7]

Anmerkungen

[1] 1 Kor 13:13.
[2] WA 36, 429, 13–21.
[3] WA 7, 38, 6–8.
[4] WA 40/2, 182, 18f. Übers. Luther 1987, S. 74.
[5] WA 40/1, 182, 11–15. Vgl. WA 14, 669, 14–16. Übers. ebd., S. 74.
[6] WA 11, 14–16.
[7] WA 36, 436, 6–8; 437, 8–10. Übers. Luther 1983, S. 375.

Freude

> Ein Christ soll und muß ein fröhlicher Mensch sein.
>
> *Tischreden Nr. 522*

Als Luther als junger Mann ernsthaft damit begann, nach Gott zu fragen, sah er in Gott den strengen Richter der Sünder und hatte Angst vor ihm. Seine Theologie erlaubte es Luther, dieses düstere Gottesbild zu überwinden. Nicht die Angst, sondern die Freude über den gnädigen Gott, den er gefunden hatte, prägte seinen Glauben. Diese auf Christus gründende Freude soll alle Gläubigen erfüllen und von ihnen in die ganze Welt ausstrahlen. So kam Luther zu der Überzeugung: „Wo Glaube ist, da muß auch Lachen sein."[1] Zu unserem Glück hat Gott allen Kreaturen eine Kunst mitgegeben, die uns fröhlich machen soll: „Die Musik ist eine Gabe und Geschenk Gottes … So vertreibt sie auch den Teufel und macht die Leute fröhlich".[2] Die Musik füllt Himmel und Erde mit dem Lob der Schöpfung, und sie verbindet und vereint den Menschen mit den übrigen Geschöpfen. Viele von Luthers Liedern fordern uns deshalb zur Fröhlichkeit auf:

Nun freut euch, lieben Christen g'mein,
Und laßt uns fröhlich springen,
Daß wir getrost und all in ein
Mit Lust und Liebe singen.³

Der Grund aller Freude ist, daß Gott in Christus für uns sichtbar geworden und uns seine Gnade ein für allemal geschenkt hat:

Des laßt uns alle fröhlich sein
Und mit den Hirten gehn hinein,
Zu sehn, was Gott uns hat beschert,
Mit seinem lieben Sohn verehrt.⁴

Gott will aller Welt Freude bereiten. Luther sieht diesen Plan in Gottes ganzer Schöpfung von Anfang an wunderbar angelegt:

Gott will, daß wir fröhlich sind, und er haßt die Traurigkeit. Wenn er nämlich gewollt hätte, daß wir traurig seien, hätte er uns nicht die Sonne, den Mond und die anderen Schätze der Erde geschenkt, die er uns alle zur Freude gibt. Er hätte die Finsternis geschaffen. Er hätte nicht zugelassen, daß die Sonne weiterhin aufgeht oder der Sommer wiederkehrt.⁵

Vom Schöpfungsbericht im Alten Testament führt also ein gerader Weg bis zum Evangelium. Deshalb fordert Luther:

Christus ist der Gott der Freude ... Ein Christ soll und muß ein fröhlicher Mensch sein. Wenn er es nicht ist, so ist er versucht vom Teufel.⁶

Luther ist überzeugt: Der Teufel versucht Gott und den Menschen den Spaß zu verderben. Aber am Ende wird nur noch eines übrig bleiben — das Lachen Gottes und der von ihm erlösten Schöpfung. In Gottes Reich wird gelten:

> Alle Kreaturen werden Lust, Liebe, Freude haben und mit dir lachen, und du hingegen mit ihnen ...[7]

Anmerkungen

[1] „Ubi enim fides est, ibi oportet aliquem ridere." WA TR 1 Nr. 813, 392. Zum Lachen bei Luther s. Steiger 2008.
[2] WA TR 6, Nr. 7034, 348, 17–22.
[3] EG 341, 1.
[4] EG 24, 6.
[5] WA TR 1, Nr. 124, 52.
[6] WA TR 1, Nr. 522, 243.
[7] WA 45, 356, 18f, übers. Barth 2009, S. 260.

Nachwort: Allein

> Allein Gott sei Ehre und Lob in Ewigkeit.
>
> Predigt Was der Handel und die Sache sei, WA 6, 324, 8

Heute faßt man die Hauptaussagen der Theologie der Reformation gern in den sogenannten Ausschließlichkeitsformeln zusammen:

- *solus Christus* („allein Christus"),
- *sola fide* („allein durch den Glauben"),
- *sola gratia* („allein durch [Gottes] Gnade"),
- *sola scriptura* („allein durch die [Heilige] Schrift"),
- *soli Deo gloria* („allein Gott sei Ehre").

Luther selbst allerdings hat diese Formeln unterschiedlich häufig verwendet und damit unterschiedlich gewichtet. „Allein durch den Glauben" kommt bei ihm mehr als 600 Mal vor, „allein Christus" fast 500 Mal, „allein durch die Gnade" fast 100 Mal und „allein die Schrift" nur rund 10 Mal. Weit wichtiger war ihm „allein das

Wort", das merkwürdigerweise heute nicht mitaufgezählt wird; Luther jedoch spricht mehr als 250 Mal davon.[1] Der Zusammenhang zwischen diesen Formeln ist einfach herzustellen:

> *Allein durch Christus* werden die Sünden weggenommen.[2]
> *Allein durch die Gnade Gottes* und das Werk des Heiligen Geistes wird [der Mensch] gerecht und wiedergeboren.[3]
> Wie das Herz *allein das Wort* braucht, um Leben und Rechtfertigung zu erhalten, so wird es *allein durch den Glauben* ... gerecht gesprochen.[4]

Letztlich drücken alle diese Wendungen immer wieder dieselbe Frohe Botschaft aus: Das Wort Gottes ist in Christus Mensch geworden und hat uns ohne unser Zutun Freiheit und Gerechtigkeit vor Gott geschenkt. Wer das glaubt, wird leben. Das allein ist, wie Luther sagt, der wahre „Kern der Nuß",[5] die wir knacken sollen.

Anmerkungen

[1] In allen Formen der lateinischen und deutschen Deklination finden sich in der Weimarer Ausgabe *sola fides* 618 Mal, *solus Christus* 469 Mal, *solum verbum* 253 Mal, *sola gratia* 85 Mal und *sola scriptura* 11 Mal.

[2] „Solum per Christum peccata auferantur", WA 3, 174, 222.

[3] „Sola gratia dei et operatione spiritus sancti iustificatur et renascitur", WA 3, 468, 19.

[4] „Ut solo verbo anima opus habet ad vitam et iustitiam, ita sola fide ... iustificatur". WA 7, 51, 22f.

[5] WAB 1, Nr. 5, 17, 43.

Literatur

Adolph, Wolfram (2016). „'Homo creator enim et magister Dei'. Anthropologisch-hamartiologischer Exkurs: Luthers Rede vom 'dichtenden Herzen' (cor fingens) als einer menschlichen 'Götter- und Götzenfabrik'". In: *Neue Zeitschrift für Systematische Theologie und Religionsphilosophie* 58, S. 325–336.

Barth, Hans-Martin (2009). *Die Theologie Martin Luthers: eine kritische Würdigung*. Gütersloh: Gütersloher Verlagshaus.

Barth, Karl (1963). *Einführung in die evangelische Theologie*. 2. Aufl. Zürich: EVZ.

Bayer, Oswald (2007). *Martin Luthers Theologie: eine Vergegenwärtigung*. Tübingen: Mohr.

Burger, Christoph (2007). *Marias Lied in Luthers Deutung: der Kommentar zum Magnifikat (Lk 1, 46b-55) aus den Jahren 1520/21*. Tübingen: Mohr.

Ebeling, Gerhard (1989). *Disputatio de homine: Die theologische Definition des Menschen*. Bd. 2. Lutherstudien 3. Tübingen: Mohr.

Luther, Martin (1983). *D. Martin Luthers Epistel-Auslegung: Der erste Brief des Paulus an Timotheus, der Brief des Paulus an Titus, der erste Brief des Petrus, der erste Brief des Johannes, der Brief an die Hebräer, der Brief des Jakobus*. Hrsg. von Hartmut Günther. Göttingen: Vandenhoeck und Ruprecht.

Luther, Martin (1987). *D. Martin Luthers Epistel-Auslegung: Der Galaterbrief*. Hrsg. von Hermann Kleinknecht. 2. Aufl. Göttingen: Vandenhoeck und Ruprecht.
— (2006). *Der Mensch vor Gott*. Bd. 1. Lateinisch-Deutsche Studienausgabe.
Rogge, Joachim, Hrsg. (1976). *1521–1971: Luther in Worms. Ein Quellenbuch*. Witten: Luther-Verlag.
Schulz, Heiko (1994). *Eschatologische Identität: eine Untersuchung über das Verhältnis von Vorsehung, Schicksal und Zufall bei Sören Kierkegaard*. Berlin, New York: De Gruyter.
Sievers, Sebastian (2015). *Bestimmtes Selbst: Personalität und Determination in neurowissenschaftlichen Konzepten und Luthers 'De servo arbitrio'*. Göttingen: Vandenhoeck und Ruprecht.
Steiger, Johann Anselm (2008). „Das Lachen Gottes und des Menschen: Die Narretei Gottes, der Vernunft und des Glaubens in der Theologie Martin Luthers". In: *Anthropologie und Medialität des Komischen im 17. Jahrhundert (1580–1730)*. Hrsg. von Stefanie Arend, Thomas Borgstedt, Nicola Kaminski und Dirk Niefanger. Amsterdam, New York: Rodopi, S. 403–427.